AW

Adelhard Winzer, geboren in Karlshuld/Bayern, verbrachte die ersten Kinderjahre auf dem Bauernhof seines Onkels, Mitbegründer verschiedener Bands, Reisen durch Europa, Kinderbuchveröffentlichung „Andreas", Georg Lentz Verlag, München, Bankangestellter, Bankkaufmann, intensive Schreib- und Zeichentätigkeit, Ausstellungen in Neuburg an der Donau, München und Umgebung, zwei Stücke im Cantus Theaterverlag, Eschach: „Krethi und Plethi" – „Das Korkenspiel", weitere Buchveröffentlichungen: „Lügengeschichten" – „Stockholm Blues" – „Die Sprachgrenze", BoD – Books on Demand, Norderstedt, lebt im Chiemgau.

ADELHARD
WINZER
ANDREAS

Bibliografische Information der
Deutschen Nationalbibliothek: Die Deutsche
Nationalbibliothek verzeichnet diese Publikation
in der Deutschen Nationalbibliografie.
Detaillierte bibliografische Daten sind im
Internet über http://dnb.dnb.de abrufbar.

© *1979 Georg Lentz Verlag, München*
Herstellung und Verlag:
BoD – Books on Demand, Norderstedt
Umschlaggestaltung:
Adelhard Winzer

ISBN 978-3-749436804

ANDREAS

Vor nicht allzu langer Zeit lernte ich in Deutschland einen Jungen kennen, der schon früh begann, seine eigenen Wege zu gehen. Er hieß Andreas Glücker, war klein und schmächtig und hatte wunderschöne blaue Augen. Auch konnte er ganz verschmitzt lachen, wenn ich ihm etwas erzählte, denn meistens wusste er darüber längst Bescheid. Es stimmt gar nicht, dass er immer traurig war. All die großen Leute verstehen ihn nicht, weil er sich ganz natürlich gibt. Die Erwachsenen sind das nicht mehr gewöhnt. Ja, sie sind einfach nicht vorbereitet auf solche Wesen.

Ich schreibe diese Zeilen auch nur, weil man den Großen immer alles erklären muss. Schade, dass ausgerechnet sie nicht in der Lage waren, mir nähere Auskunft über sein jetziges Leben zu geben.

All jene Leute aus seinem Heimatort, bei denen ich mich erkundigen wollte, sahen mich nur misstrauisch an oder sie eilten geschwind weiter, ohne mich zu beachten. Nur ein Lehrer erzählte mir, Andreas habe wegen seiner Intelligenz allgemeine Verwunderung hervorgerufen. Lange Zeit verbrachte er im Krankenhaus. Seine Schulkameraden erinnern sich kaum noch an ihn. Der Herr Bürgermeister erzählte mir etwas von einer *langen Reise*. Es war verwirrend. Die Leute taten sehr geheimnisvoll. Ich konnte einfach nichts erfahren.

Ich traf Andreas damals im Krankenhaus. Und nie hätte ich erwartet, dass mir ausgerechnet dort so ein Junge begegnen würde. Schon damals faszinierte mich sein ehrliches Wesen. Und nachdem sein langer Brief bei mir eingetroffen war, geriet ich ganz aus dem Häuschen. Am meisten überraschten mich darin zwei kleine Geschichten, die er geschrieben hat. Aber dann hörte ich nichts mehr von ihm. Ich wusste nicht, warum er keine Antwort mehr gab – der Briefkasten blieb leer. Ich konnte ihn nicht vergessen und reiste über den großen Teich. Warum gibt er keine Nachricht, was ist mit ihm geschehen, dachte ich. Aber wie gesagt, in jenem Dorf erhielt ich keine Auskunft. Und ich hoffe nur, Andreas lebt noch immer unter uns.

Da ich mich nun für die Herausgabe unserer Briefe entschieden habe, wäre es schön, wenn sie zum besseren Verständnis der Kinder beitragen könnten. Der größte Wunsch von Andreas hätte sich dann bestimmt erfüllt. Nämlich – die Kluft zwischen Groß und Klein zu verringern.

Das Gedicht *Allen Kindern gewidmet*, das ich dem Buch beigefügt habe, stand auf Andreas' Briefumschlag. Es brachte mich auf die Idee, unsere zwei Briefe zu veröffentlichen.

Kalifornien, U.S.A.   *Patty Wood*

Liebe Patty,

Du, ich habe mich sehr gefreut über Deine Geburtstagskarte. Hast mich also nicht vergessen. Dankeschön! Ich bin froh, dass ich Dir endlich mal ausführlicher schreiben kann. Du weißt, hätten sie Dich damals, bei Deiner Reise mit der Schulklasse, hätten sie Dich nicht wegen dieser dummen Verletzung ins Krankenhaus gebracht, wäre ich damals nicht *zufällig* auf dem Flur gewesen, würde ich heute vielleicht gar nicht diese Zeilen schreiben. Du weißt, ich war lange Zeit krank. Und damals durfte ich zum ersten Mal wieder aufstehen. Ich war vielleicht überrascht, weil Du, ein Mädchen aus Amerika, die deutsche Sprache so gut beherrscht. Du warst mir sofort sympathisch. Ich bewundere Dich, weil Du so intelligent bist. Du willst vorwärts kommen im Leben. Ich glaube, die meisten von uns haben nicht diese Einstellung. Wie sich damals unsere Blicken trafen, spürte ich sofort, dass Du ein ganz besonderes Mädchen bist. Ja, in Deinen Augen konnte ich so viel se-

hen. Aber es waren nicht nur die Augen –
Dein ganzes Wesen hat mich fasziniert.
Denkst Du jetzt auch noch an mich? Ich
war traurig, als Du damals so schnell wie-
der fortgehen musstest. Aber nun ist ja
Deine Karte gekommen.

Ich sitze in einer großen Waldlichtung und
habe einen Stapel Papier neben mir liegen,
denn heute möchte ich Dir vieles schreiben: wie ich denke und fühle, ganz besonders meine Gedanken über die Erwachsenen will ich Dir mitteilen. Weißt Du, hier
bei uns kann ich darüber mit niemandem
so richtig reden. Die haben doch alle ganz
andere Interessen. Aber Dir möchte ich
heute alles anvertrauen.

Hier in dieser Waldlichtung ist es einfach
herrlich. Ein schmaler Weg führt über Felder und Wiesen. Hier kann mich der Lärm
und Gestank der Autos nicht erreichen.
Nur die tiefe Stimme des Waldes ist zu hören. Und vor mir liegt ein uraltes Schloss,
das mir sicher verwegene Geschichten
erzählen könnte. Es wohnen keine Leute

mehr darin. Aber die geheimnisvollen Fenster, Türme und Mauern lassen mich von einer ganz anderen Zeit träumen. Und rings um dieses Märchenschloss zieht sich ein breiter Wehrgraben. Aber es fließt längst kein Wasser mehr darin. Inzwischen hat er seine Bedeutung verloren. Auch das Schloss. Aber für mich ist dieser Platz sehr wichtig. Immer, wenn ich hierher komme, überfällt mich eine Art Wehmut, die ich nicht beschreiben kann. Weißt Du, es ist eine Einsamkeit, die mich glücklich macht. Du müsstest die Atmosphäre einmal selbst erleben.

Hier sitze ich also und schreibe für Dich diese Zeilen. Ich komme oft hierher, denn seit sie in unserem Ort die Straßen verbreitert, Gehsteige platziert und all die mächtigen Bäume abgesägt haben, gefällt es mir bei uns nicht mehr. Ich kann schon verstehen, vielleicht muss das alles sein wegen dem Fortschritt. Aber früher war hier alles natürlicher. Deswegen bin ich jetzt auch viel öfter in meiner Waldlichtung. Und riesige Straßenlaternen haben sie angebracht – wie in der Stadt. Eine steht genau vor unserem Haus. Sie leuchtet nachts immer in mein Zimmer. Früher war es romantischer – der Mond! Weißt Du, seit sie mich aus dem Krankenhaus entlassen haben, kommt mir die ganze Welt so verändert vor.

Du, die Sonne brennt nun ganz heiß auf mich herab. Und ich sehe die bunten Schmetterlinge, ich höre die Grillen im Gras – aber schon donnert so ein grässlicher Düsenjäger über mich hinweg. Ein furchtbares Getöse! Er verschwindet in den Wolken, die sich nun allmählich vor die Sonne schieben. Und der Wind spielt mit den Blättern der Bäume. Weißt Du, wenn ich erwachsen bin, kaufe ich mir hier ein Grundstück. Hier werde ich meine Arztpraxis eröffnen. Aber ich habe Dir ja noch gar nichts von meinen Plänen erzählt, auch nichts von den vielen Blumen, die hier ungestört wachsen können. Wenn Du das nur alles sehen könntest, Du würdest staunen! Du musst wissen, um das Schloss breitet sich eine schier endlose

Wiese aus. Und zwischen dem saftigen Grün leuchten die roten, gelben, die weißen und blauen Köpfe der Blumen. Eine riesige Farbenpracht. Ja, eine Blume für sich kann schon sehr viel sagen, aber hier, zwischen dem satten Grün – das müsstest Du einfach sehen!

Nun, wo die Sonne ganz von den Wolken verdeckt ist, mache ich mir Gedanken über unsere Welt. Patty, warum gibt es nur so viele Probleme. Warum müssen viele Leute leiden? Wenn ich Macht hätte, in meinem Reich gäbe es keine unglücklichen Menschen. Nein! Warum sind die meisten Leute so engstirnig – warum streiten sie? Ich verstehe das nicht. Viele aus unserem Ort ziehen jetzt in die großen Städte und verbarrikadieren sich hinter Beton und Eisen. Mein Onkel erzählt mir manchmal von einer Großstadt in unserem Land. Und er meint, es sei ein kleines New York. Warst Du schon mal in New York? Ich glaube, dort könnte ich es keinen Tag aushalten. Jetzt ist die Sonne wieder da! Und sie blinzelt mir ganz verschämt ins

Gesicht. Ich glaube, in den großen Städten kennt man die Sonne nicht mehr – und den Mond. Überall künstliches Licht.

Die Schule macht mir keinen Spaß mehr, seit wir den neuen Lehrer bekommen haben. Aber er wird bald wieder versetzt, davon bin ich überzeugt. Denn niemand versteht sich mit ihm. Der Lehrer vor ihm war viel besser. Er unterhielt sich mit uns, machte interessante Spiele, erklärte uns alles ganz genau. Das Lernen machte unglaublichen Spaß mit ihm. Selbst den störrischen Hans, der immer aus der Reihe tanzt, konnte er geradebiegen. Aber jetzt ist es ganz schlimm. Der neue Lehrer gibt ihm jede Woche eine gesalzene Strafarbeit auf, manchmal droht er sogar mit noch härteren Strafen. Einmal stand Hans während einem Diktat auf und rannte nachhause. „Du kriegst mich nicht!", schrie er. Und wenn nicht bald etwas Entscheidendes geschieht, machen es alle wie er. Ich glaube selbst nicht mehr an die Schulweisheiten.

Patty, ich denke oft an Dein Land. Es muss damals eine harte Zeit gewesen sein, als Pioniere und Abenteurer den sogenannten *Wilden Westen* eroberten. Jetzt liegt das alles weit zurück. Aber, was ist mit den Indianern geschehen? Wer erinnert sich noch an sie? Ich weiß, man hat sie alle ausgerottet. Nur ein paar Überlebende haben sie in Reservate gesperrt – wie Tiere. Sie, die damals noch dieses Land beherrschten und die Freiheit über alles liebten, sie müssen sich nun solche Demütigungen gefallen lassen. Aber oft höre ich die Leute sagen, das sei zum Wohle der Menschheit geschehen. Doch ich glaube, die Indianer waren es, die noch *menschliche* Charakterzüge hatten. Sie verstanden es, im Einklang mit der Natur zu leben. Manchmal möchte ich die Zeit zurückdrehen können, als Büffel über die Prärie jagten, die Luft noch klar und das Wasser unverschmutzt war. Als die Indianer *gemeinsam* am Lagerfeuer saßen – als alles noch mit geheimnisvollem Zauber umgeben war. Denn was haben wir heute?

Weißt Du, vor ein paar Wochen lief tatsächlich ein Film über Häuptling Seattle, der sein Land an die Regierung *verkaufen* musste. Doch das Kino war beinahe leer. Die Leute interessieren sich scheinbar nicht mehr für das Wahre – oder ist vielleicht die Wahrheit verhasst? Häuptling Seattle erzählt von seiner Welt, er spricht von den Lebensgewohnheiten seiner Stammesbrüder. Er appelliert an die Regierung, das Land ihrer Vorfahren nicht zu zerstören. Und während Häuptling Seattle seine ergreifende Rede hält, schweift die Kamera über *zivilisiertes* Land: abgeholzte Hügel, verschmutzte Flüsse, tote Tiere, grässliche Schutthalden – unsere Welt! Die Erde dreht sich zwar noch immer, aber ich fühle, dass es so nicht weitergehen kann.

Dabei muss ich wieder an meine Zukunft denken. Weißt Du, eigentlich will ich keiner von den versponnenen Großen werden, die immer so gehetzt durch die Welt rennen. Manchmal möchte ich ein Musiker sein, dann einfach nur ein Träumer. Aber das würde den Erwachsenen bestimmt nicht passen. „Also hör mal!", würden sie sagen, „das geht natürlich nicht! Wenn das jeder so wollte, wo kämen wir denn da hin!" Es ist schon mühsam auf dieser Welt. Aber mein Plan steht fest. Ich werde Arzt. Und hier, in dieser Waldlichtung, eröffne ich meine Praxis. Hier, wo noch alles ruhig und natürlich ist.

Ich lag damals wegen einer seltenen Krankheit lange Zeit in diesem Krankenhaus – Du weißt ja. Seitdem möchte ich Arzt werden. Glaub mir, diese Zeit war nicht schön für mich. Erst als ich Dich dort traf, fühlte ich mich viel besser. Meine Trostlosigkeit war plötzlich verschwunden. Dort im Krankenhaus hatte ich eine Menge Zeit zum Nachdenken. Ich wollte Dir viel davon erzählen, aber Du musstest ja gleich wieder gehen. Heute kommen diese Gedanken wieder. Ich will sie Dir aufschreiben. Du bist mein bester Partner in dieser Sache. Ich hoffe, Du verstehst mich richtig, legst nicht alles auf die Goldwaage oder bezeichnest mich gar als einen

Pessimisten. Denn in Wirklichkeit lasse ich mich nicht kleinkriegen. Da bin ich wie mein Vater. Weißt Du, er hat es nicht leicht, aber er weiß, wie man sich durchsetzt. Er liebt seine Arbeit. Und er ist glücklich. Alle Leute sollten doch glücklich sein. Jeder sollte die Arbeit machen können, an die er wirklich glaubt, dann gäbe es vielleicht auch weniger Hass auf dieser Welt – ganz bestimmt!

Ja, auch ich werde mich durchsetzen. Ich lasse mich nicht von Menschen beugen, die kein Recht dazu haben – niemand hat das Recht dazu! Ich will keine Maske tragen. Doch ich weiß, einfach wird es nicht sein. Die schweren Zeiten kommen erst. Ich fühle es. Aber meine Richtung werde ich nicht verlassen. Nein! Die Großen sollten endlich mal ihre Augen öffnen. Wir verstehen schon. Sie sollten aufhören mit ihren albernen Märchengeschichten – auf der einen Seite wollen sie uns für dumm verkaufen, andererseits wird uns alles verboten. Aber ich lasse mich nicht täuschen. Mein Vater gehört nicht zu der

Sorte. Er versteht mich. Wenn ich mal große Probleme habe, kann ich immer zu ihm kommen. Er ist prima.

Du, Patty, bei uns gibt es so viele Leute, die faul in den Cafés herumsitzen und ihre ganze Zeit verschlafen. Und dort setzen sie dann große Gerüchte in die Welt – das können sie schon. Das ist ja so leicht. Warum sind die Leute nur so engstirnig? Zur Zeit ist es auch Mode, sich gegenseitig dumme Ratschläge zu geben. Ich glaube, die Erwachsenen haben es gern, wenn sie sich gegenseitig ausspielen können.

Jetzt muss ich an den Herrn Doktor denken. Eigentlich ein ganz sympathischer Mensch, aber ich glaube, er hat mir nicht die ganze Wahrheit gesagt über meine Krankheit. Weißt Du, sie haben mich operiert. Aber der Herr Doktor hüllte sich darüber in Schweigen. Muss ich mir das gefallen lassen? Sonst ist man doch immer so fortschrittlich. Ich möchte die Wahrheit wissen – ich kann sie schon ertragen. Unser Dorf haben sie ja auch mit Beton ver-

baut: alles ist eckig und kalt geworden.
Aber die Großen meinen, jetzt hätte der
Ort erst ein anständiges Gesicht – *ein Gesicht unserer Zeit*. Aber die meisten Erwachsenen wissen gar nicht, was sie sagen. Sie sind nicht ehrlich. So mancher
plappert nur das nach, was er von anderen
hört – wie ein Papagei. Aber wir sind doch
Menschen, sollten es wenigsten sein.

Die Zeit im Krankenhaus war schlimm für
mich. Ich habe damals viele Zeitungen gelesen, mehr als sonst. Da wurde mir erst
richtig klar, was auf dieser Welt gespielt
wird. Und eine Meldung über so eine unnütze Ordensverleihung beschäftigt mich
noch heute. Ein sogenannter *tapferer
Kämpfer* erhielt eine Auszeichnung fürs
Töten. Das werde ich nie verstehen. Weißt
Du, all diesen sinnlosen Kriegen kann ich
nicht zustimmen. Ich glaube, zu viele stecken aus Angst ihren Kopf in den Sand.
Das macht mich traurig, denn dadurch
nehmen ja die Kriege kein Ende. Aber
ich stehe nur machtlos da und muss zuschauen, wie sie sich gegenseitig die Köp-

fe einschlagen. Und weiterhin geben sie Milliarden für den Krieg aus. Sie schüren das Feuer immer weiter. Und jeder trägt sein Scherflein dazu bei – für die Vernichtung von Menschen! Dabei gibt es so viele Hilfsbedürftige. Ich darf gar nicht daran denken. Und wer kann mir auf all meine Fragen Antwort geben?

Weißt Du, ich schreibe das alles, weil ich zu Dir ehrlich sein möchte. Ich will nicht zu denen gehören, die sich ständig selbst belügen. Nein! Ich möchte der Wahrheit ganz nahe sein! Und wenn ich Arzt bin, werde ich den Menschen helfen, die wirklich krank sind. Jene, die sich nur vor der Arbeit drücken wollen, die muss man vergessen. Den Leidenden will ich eine Stütze sein. Ich will ihnen Hoffnung geben auf ein gesundes Leben. Und wie sollte ich ihnen helfen können, wenn ich selbst nicht ehrlich bin? Manchmal ist es zum Weinen, aber ich werde nicht aufgeben. Nein! Ich glaube, dass ich stark genug bin.

Und warum rennen die Erwachsenen so gehetzt durch die Straßen? Sie jagen durch die Welt, als wäre es ihre letzte Stunde. Wie wird das wohl enden? Das Schlimme daran ist, dass so viele ihre Augen verschließen. Aber ich höre die Großen schon sagen: „Was willst Du eigentlich? Ist doch alles nicht so schlimm. Warte ab, bis Du erwachsen bist, dann wirst Du schon sehen!" Aber wenn ich das überdenke, möchte ich für immer ein Kind bleiben.

Du, jetzt steht die Sonne schon beinahe auf den Baumspitzen. Bald wird sie zu Dir kommen. Und wenn sie Dich beim Aufstehen an der Nase kitzelt, vergiss nicht, dass ich hier diese Zeilen geschrieben habe – nur für Dich!

Wenn ich die Sonne so betrachte, kann ich einfach nicht verstehen, warum die Großen immer nur nörgeln. Dabei wäre doch ein kleines Lächeln so leicht – *kinderleicht*. Nicht immer diese bösen Worte. Die Großen kommen sich so wichtig vor. Sie behandeln uns, als könnten wir nicht bis drei zählen. Die Erwachsenen sehen nur ihre Sorgen. Aber ich habe längst über ihre Welt hinausgeblickt. Wie soll ich ihnen das nur klarmachen, wenn sie uns immer als Unwissende betrachten – die Kluft zwischen uns vertieft sich dabei immer mehr. Aber wir müssen mit ihnen sprechen, müssen sie darauf hinweisen, dass sie unsere Zukunft in ihren Händen halten. Aber die Erwachsenen können sich nicht in unsere Welt versetzen. Ist diese Zeit wirklich vorbei für sie? So will ich nicht werden! Die Großen haben keine Augen mehr fürs Wachsende. Bei ihnen sollte alles so sein, wie sie sind – groß und erwachsen. Sie wollen unsere Stimme nicht hören. Die Großen sind manchmal wirklich seltsam. Ein Freund wird ihnen plötzlich zum Feind. Zu diesem Thema muss ich Dir was erzählen.

In unserem Ort lebte mal einer, der sich wie alle anderen verhielt – er marschierte mit der Masse. Aber dann musste etwas Tiefgreifendes geschehen sein, denn er ging plötzlich nicht mehr ins Wirtshaus und vernachlässigte auch seine Freunde. Kurz gesagt, er blieb nur noch in seinem kleinen Häuschen. Und die Nachbarn wunderten sich schon, warum bei ihm zu später Stunde die Schreibmaschine klapperte. Dann aber, an einem heißen Sommerabend war es, mischte er sich wieder unter die Leute. Das ist natürlich allen aufgefallen. Er musste unbedingt mal eine Pause machen. Stell Dir vor, über zwei Jahre hielt er sich zurück. Und die Erwachsenen hatten ihn schon beinahe vergessen. An jenem Abend ging er also ins Wirtshaus und trank sehr viel Bier, zu viel. Deswegen konnte er seine Worte nicht mehr zügeln. Er erzählte allen von einem Buch, das er schreiben wolle, das er schon bald fertig hätte. Aber die Leute schauten ihn misstrauisch an und flüsterten sich zu: „Jetzt spinnt er. Nun ist er übergeschnappt. Was redet der für Sachen. Er, der nie etwas gelernt hat, ausgerechnet er will ein Buch schreiben. Der ist wirklich übergeschnappt." Weißt Du, die Erwachsenen können manchmal sehr einfältig sein. Daraufhin zog er in die Stadt. Doch schon nach einem Jahr haben alle Zeitungen über ihn geschrieben. Auch im Fernsehen wurde er vorgestellt. Alle sprachen von einem *unglaublichen Talent*. Und sein Buch, das er heimlich in seinem Heimatort begonnen hatte – es wurde ein sogenannter Bestseller. In viele Sprachen hat man es übersetzt. Und weißt Du was, die Leute im Dorf besannen sich plötzlich wieder auf ihn. Ja, sie waren ganz schön stolz: „Einer von uns, aus unserem Dorf!", riefen sie alle. Ist das nicht wieder typisch für die Großen.

Ich weiß nicht, ob Du verstehst, warum ich das alles schreibe. Aber heute ist mein Geburtstag. Und bei uns sagt eine alte Tradition, dass sich an seinem Tag das Geburtstagskind einen großen Wunsch erfüllen darf. Heute kann ich endlich meine Meinung ganz klar ausbreiten. Denn oft werden wir missverstanden und unbeachtet beiseitegeschoben. Wir müssen immer still sein. Wir gelten als die Unerfahrenen. Und wenn diese Zeilen jetzt ein Erwachsener lesen würde, ich weiß, er hätte bestimmt nur ein Lächeln dafür übrig. Wir wissen Bescheid. Aber die Großen – waren sie nicht auch mal Kinder? Können sie sich wirklich nicht mehr zurückversetzen in jene Zeit? Sie wollen immer die Klügeren sein, nur weil sie erwachsen sind. Das mit der Klugheit – das nehme ich ihnen nicht ab. Die Erwachsenen haben mich enttäuscht. Doch es gibt einige, die ich wirklich bewundere. Aber leider sind es nicht viele. Es sollten viel mehr sein. Wenn es nur diese Probleme nicht gäbe, dann müsste ich das alles nicht schreiben. Aber ich will meine Augen offen halten. Ich könnte auch sagen: „Oh, ich lasse das einfach so, wie es ist. Doch wartet nur ab, ich gehöre auch mal zu den Erwachsenen. Das Leben der Kinder kann mir dann gestohlen bleiben." Nein, das geht nicht. Ich will mit offenen Augen durch die Welt gehen und aus den Fehlern lernen, die gemacht werden. Wir werden später die Welt in unseren Händen haben. Es wird nicht mehr so lange dauern. Und gemeinsam könnten wir es vielleicht schaffen.

Die Erwachsenen sind eigenartig. Sie strömen massenhaft ins Kino, aber seltsamerweise nur dann, wenn man ihnen ihre eigenen Schwächen vor die Nase hält. Diese Filme werden dann als große Knüller angekündigt. Und die Leute stehen Schlange an der Kasse. Aber für unsere Spiele haben sie nur ein Lächeln übrig. Unser Leben interessiert sie nicht, sie rennen lieber ins Kino. Ist es nicht so?

Ein alter Mann kommt jetzt mit seinem Hund über die Wiese. Er ist schon am Waldrand – aber er winkt mir zu. Sollten nicht alle Menschen so sein? Ich weiß, in den großen Städten gehen alle stumm aneinander vorbei. Ob die wohl noch *Guten Tag* sagen? Ich glaube, dort ist alles kalt und unpersönlich. Ich bin froh, dass ich den Platz hier gefunden habe!

Du, ich weiß nicht, was mit dem Wetter los ist. Seit ein paar Jahren gibt es bei uns keinen richtigen Sommer mehr. Und im Winter – nur Regen und Matsch. Früher gab es massenhaft Schnee. Man konnte sich richtig austoben beim Schlittenfahren. Aber seit ein paar Jahren klappt es mit dem Wetter nicht mehr. Ich hoffe, dass wir bald wieder einen anständigen Winter bekommen. Denn es ist herrlich, wenn beim Spazierengehen der Schnee unter den Füßen knirscht.

Heute wurde ich dreizehn Jahre alt. Ich weiß nicht, wie es in zwanzig Jahren aussehen wird. Und da wollen uns heute die Großen noch immer ihre Märchengeschichten erzählen. Von wegen Kinder! Wir sind es doch, die in die Zukunft blicken müssen. Glaubst Du, dass sich die Erwachsenen je Gedanken darüber machen. Inzwischen hat man schon viele Tierarten ausgerottet. Und wer ist schuld daran – niemand! Nein, die Erwachsenen können mich nicht mehr belügen. Ich sehe gut. Das Gleichgewicht der Natur ist längst zerstört. Und wie wird das enden? Wer trägt die Verantwortung – natürlich niemand! Soll ich vielleicht in mir selbst suchen? Warum habe ich jetzt schon solche Gedanken? Vielleicht sehe ich nur alles verzerrt, wer weiß? Nein, diese Ungerechtigkeit muss aufhören. Wenn wir alle fest zusammenhalten, klappt es bestimmt. Aber es gibt so viele Erwachsene, die uns belügen. Sie glauben wohl, wir können das nicht durchschauen. Mit dieser Art erreichen sie nur das Gegenteil. Und all die Leute, die nicht ehrlich sind, wundern sich dann, wenn man ihnen auch Lügen erzählt. Ein ewiger Kreislauf. Das überträgt sich alles auf uns. Ist es da noch verwunderlich, wenn wir uns die Köpfe darüber zerbrechen? Aber ich lasse mich nicht entmutigen. Wenn ich etwas Faszinierendes und Schönes erlebe, nehme ich es ganz in mir auf, weil ich weiß, dass solche Augenblicke einmalig sind – sie kommen nie mehr zurück.

Doch während ich diese Zeilen schreibe, verhungern viele Kinder auf dieser Welt. Wann wird es damit ein Ende haben? Sagt mal einer die Wahrheit, meinen viele Erwachsene, er sei ein Außenseiter. Oder einer, der nicht klar sieht. Man stempelt ihn einfach als Narren ab. So leicht machen es sich die Großen. Ich glaube, so lange dieser Hass nicht aufhört, so lange werde ich wohl nie erwachsen.

Ich weiß, viel Unrecht geschieht auf dieser Welt. Und ich kann fast nichts dagegen machen. Trotzdem gebe ich die Hoffnung nicht auf. Ich werde stark bleiben und meinen Weg gehen. Ja, es gibt so viele, die nicht sehen wollen, die nur gelten lassen, was sein darf, und alles andere als Schande bezeichnen. Ich glaube, die sind auch verantwortlich für das Unheil, das hier geschieht. Denn sie wollen die Probleme nicht in ihr Bewusstsein aufnehmen. Sie sehen alles nur mit ihren Augen. Und sie wollen sich immer gegenseitig beherrschen. Die Erwachsenen können nicht mehr zuhören! Sie nehmen sich viel zu wichtig. Und da gibt es welche, die immer Angst bekommen, wenn sie alleingelassen werden. Sie können nichts mehr mit sich anfangen. Es muss immer Lärm um sie herrschen. Laute Töne, damit sie die *innere Stimme* nicht hören. Denn sie glauben, das wäre etwas Schlimmes. Sie rennen dann zu den Ärzten und jammern ihnen was vor. Ich glaube aber, diejenigen, die wirklich Hilfe benötigen, die sind viel stärker. Eine verrückte Welt ist das!

Die Erwachsenen stellen sich immer komische Fragen: „Wie geht es?" Das ist meistens das erste, was sie voneinander wissen wollen, wenn sie sich treffen. Und es scheint, als seien sie ehrlich daran interessiert. Aber das ist nur ein Spiel von ihnen. Sagt nämlich einer wirklich mal ehrlich, wie es um ihn steht, dann wird ihm zwar der andere bestürzt erwidern: „Ach nein – das tut mir aber leid!" Sicher denkt er sich dabei aber ganz was anderes. Vielleicht will er sich auch von der überlegenen Seite zeigen, die passenden Worte aber fehlen ihm. Er wird höchstens sagen: „Ja, ja – so ist das Leben." Und bestimmt wird er dann ganz stolz auf seine Worte sein. Ja, die Großen sind sehr überheblich. Ich bin wirklich enttäuscht.

Ein Erlebnis in den letzten Tagen hat mir wieder deutlich gezeigt, an was die Großen hauptsächlich denken. Ich bin damals mit der Bahn zu meiner Tante gefahren. Schon als ich aufgestanden war, überkam mich eine eigenartige Stimmung. Und während der Fahrt hatte ich ein langes Gespräch mit einem Mann. Was er mir alles erzählte – typisch für die Erwachsenen. Darüber habe ich eine kleine Geschichte geschrieben. Vielleicht interessiert sie Dich. Ja, ich werde sie für Dich aufschreiben. Sie heißt *Du bist ja noch jung* und beginnt folgendermaßen:

Es war kurz vor sechs, als Eberhard in seinem Zimmer die Gardinen zurückzog. Er sah die grauen Nebelfetzen, die draußen wie Gespenster dahinschlichen. Der Wind heulte durch den Fensterspalt. Am Straßenrand beugte sich ächzend ein vergessener Baum, der seine Äste auf den nasskalten Asphalt peitschte, und der erste Wagen tastete sich langsam durch die Nebelschwaden. Bald werden mehr Autos kommen, dachte er und blieb eine Weile vor dem Fenster stehen. Als dann vom Ortseingang die Fabriksirene herüberdröhnte, überwältigte ihn dieses Gefühl der Hilflosigkeit. Seit einer Woche ist er wieder zuhause. Aber alles hatte er erwartet, nur das nicht. Bald werden sie das letzte Stück Wald abgeholzt haben, welches sich heute noch hinter dem kleinen Bach erstreckt. Und dieser Bach – schmutzig und ungenießbar ist er geworden. Seltsam, die Leute finden sich gleich damit ab. Keiner öffnet den Mund, niemand wehrt sich dagegen. Jeder bejubelt den technischen Fortschritt, der alles mit sich reißt. Was ist geblieben von unserem Dorf – nichts. Grauer Beton starrt uns an jeder Ecke an, kahl und unmenschlich. Die Leute reden nicht mehr miteinander. Man setzt sich ins Auto und fährt in die Großstadt, als wäre dort die Zukunft zu finden. Die Menschen – wie können sie nur so schnell vergessen?

Noch immer in Gedanken versunken, ging Eberhard zum Schrank, packte seine Sachen zusammen und machte sich auf den Weg zum Bahnhof.

Unterwegs sah er nicht viele Leute, die wenigen, die ihm begegneten, hatten es sehr eilig. Er war froh, endlich im Zugabteil zu sitzen. Kurz bevor der Zug anfuhr, trat ein erhitzter Mann in das Abteil. Er warf seine Tasche ins Gepäcknetz und starrte, nachdem er wieder zu Atem gekommen war, einfältig vor sich hin. Eberhard musterte ihn aufmerksam. Der Fremde hatte versucht, sich gut zu kleiden, doch seine Aufmachung wirkte eher etwas unbeholfen. Eberhard konnte sich nicht von dem Gedanken trennen, dass dieser Mann, der ihm hier gegenübersaß, seine Herkunft verleugnen wollte. Der Fremde streifte ihn mit einem kurzen Blick und rückte seine knallrote Krawatte zurecht. Dabei blinzelte er immer wieder zu Eberhard hinüber, der seinen Blick erwiderte.

„Warum starren S' mich so an!", sagte der Fremde plötzlich mit tiefer Stimme und rollte dabei das *R* so ungeschickt, wie es hier bei den Einheimischen üblich ist. Eberhard erschrak bei diesem

Tonfall. Aber er entgegnete schnell: „Wissen Sie, das war ganz unabsichtlich. Ich habe nicht richtig ausgeschlafen, ich glaube, da starre ich immer die Leute so ungläubig an." – „Ach, is scho guat", erwiderte der andere mit ernster Miene, „Sie brauchn mir koa Predigt haltn." Und der Mann rutschte dabei im Sessel umher. Eberhard überlegte fieberhaft, wie er ihn zum Weitersprechen bringen könnte. „Kommen Sie auch aus Kirchdorf?", fragte er nach einiger Zeit. Aber der Fremde strafte ihn nur mit unfreundlichen Blicken.

„Wissen Sie", begann Eberhard erneut, „ich glaube, die Leute aus Kirchdorf – sie sind nicht sehr glücklich." – „Was, ich und nicht glücklich?", unterbrach ihn der Fremde und versuchte sich in der Hochsprache, „da täuschen Sie sich aber gewaltig, ganz gewaltig täuschen Sie sich da. Mir geht es gut! Ja, mir geht's sehr gut, wirklich ausgezeichnet! Ich kann mich nicht beklagen." Und dabei wurde er ganz gelöst, zog eine Zigarettenschachtel aus seiner Anzugweste und legte gelassen die Beine übereinander. „Also doch!", sagte Eberhard. „Na klar – mir geht's ausgezeichnet! Kann mich nicht beklagen!", erwiderte der Fremde. „Nein, ich meine, dass Sie aus Kirchdorf kommen." – „Sie sind ja ein ganz Schlauer. Ja, ich komme aus Kirchdorf, aber das braucht doch nicht jeder wissen!", meinte der Fremde etwas grob, zog eine Zigarette aus der Schachtel und blickte aus dem Fenster. „Aber früher war es hier doch ganz anders, viel menschlicher war es damals, finden Sie nicht." – „Ach, was wollen Sie denn!", sagte der Fremde, „heute geht es mir besser als früher. Und was heißt hier menschlicher – menschlich war es noch nie." – „Sie verstehen mich falsch", erwiderte Eberhard. „Ach, was wissen Sie denn davon – Sie sind ja noch jung!", unterbrach ihn der Mann und schob die Zigarette wieder in die Schachtel zurück, „ich werd' Ihnen was sagen. Früher mussten wir alles mit der Hand machen, heute geht es angenehmer. Ich weiß, was ich sage, weil ich einen Bauernhof habe. Früher mussten wir

Leute suchen, die für uns arbeiteten – diese Leute kosteten viel Geld. Außerdem mussten wir für sie kochen. Heute habe ich Maschinen und einen Knecht, das ist alles. Die Maschinen sind längst abbezahlt. Und der Knecht kann sie bedienen, das macht er ganz allein. Ich kümmere mich um das Geschäftliche. Was wollen Sie eigentlich!" – „Aber das ist es eben", erwiderte Eberhard, „der Mensch wird allmählich unbrauchbar, die Maschine dominiert." – „Was heißt hier, die Maschine dominiert?" – „Der Mensch wird zweitrangig", sagte Eberhard, „die Maschine, die früher dem Menschen vielleicht eine Hilfe war, sie entwickelt sich allmählich zum Mörder der Menschheit. Sie werden sehen – eines Tages gibt es nur noch Maschinen."

„Was reden Sie für dummes Zeug!", erwiderte der Fremde. „Das ist kein dummes Zeug", sagte Eberhard. „Sehen Sie, ich gebe Ihnen ein Beispiel. Die Fabrik in Kirchdorf." – „Was ist mit der Fabrik?" – „Ganz einfach, sie war damals nicht an diesem Platz, früher standen dort Getreidefelder und Wiesen. Und die Leute finden das in Ordnung, rennen jetzt dorthin zur Arbeit." – „Hören Sie nur auf jetzt! Ich weiß, früher wuchs dort noch Getreide – es waren meine Felder. Ja, meine Felder waren das! Aber die Leute von der Fabrik haben mir einen guten Preis bezahlt, einen verdammt guten Preis, sag ich! Und hätte ich nicht verkauft, ginge es mir heute nicht so gut, das dürfen Sie mir glauben." – „Das waren also Ihre Felder." – „Ja!" – „Da sieht man es wieder." – „Was sieht man wieder?", fragte der Fremde ungeduldig. „Na, dass Sie Ihr eigenes Land für den sogenannten Fortschritt hergeben." – „Ach, was wollen Sie denn, Sie sehen alles falsch!" – „Ich sehe schon richtig, eigentlich spricht alle Welt über Umweltverschmutzung, aber nun habe ich es selbst erlebt, ganz deutlich – die Veränderung zum Schlechten. Und das alles in relativ kurzer Zeit. Ich kam vom Krankenhaus zurück und fand mich nicht mehr zurecht. Vor lauter Fortschritt erkannte ich unseren Ort nicht mehr. Können Sie sich das vorstellen?" – „Ach was, so schlimm ist das nicht. Du bist ja noch jung und unerfahren. Später wirst Du alles mit anderen Augen sehen." – „Ach ja, ich bin noch so jung und unerfahren!"

Weißt Du, Patty, es hatte keinen Sinn, weiter mit ihm zu diskutieren. Er hat nicht verstanden. Oder wollte er nicht?

Es ist schwer, einen wirklichen Freund zu finden. Manchmal fühle ich mich verdammt einsam. Und da gibt es den Fasching. Das ganze Jahr über sind die Großen so ernst und geschäftstüchtig. Aber dann – die fünfte Jahreszeit wird es genannt – singen sie plötzlich komische Lieder und sind furchtbar ausgelassen, als wäre das ganze Leben eine Komödie. Ist dann aber diese Zeit vorbei, setzen alle wieder ihre ernste Miene auf. Wäre es nicht besser, wenn die Leute das ganze Jahr über etwas fröhlicher durch die Welt gehen würden? Auch wir müssen dieses Theater mitmachen. Einer spielt den Cowboy, der andere schmückt sich als Indianer. Und dann wird gekämpft. Aber ich sage Dir, die meisten dieser Faschingsindianer wissen gar nicht, wie schmerzvoll es damals für die echten Indianer war, als man ihnen ihr Land raubte. Ich habe Dir ja von Häuptling Seattle erzählt. Sicher kennst Du die wahre Geschichte der Indianer viel besser als ich.

Du, in unserer Nachbarschaft wohnt ein seltsames Ehepaar. Stell Dir vor, sie sind verheiratet, können sich aber nicht ausstehen. Die streiten sogar auf der Straße. Er – ein egoistischer Kerl, der immer recht haben will. Aber ich weiß, dass seine Intelligenz nicht gerade umwerfend ist. Und vor ein paar Jahren hat er tatsächlich bemerkt, dass seine Frau noch viel dümmer ist als er. Seitdem vergeht bei ihnen kein Tag ohne Streit. Manchmal lacht er einfach über sie. Ich glaube, er ist ein richtiger Tyrann. Aber ein paar hundert Meter weiter, dort wo sie eine neue Straße gebaut haben, wohnen auch alte Leute. Die sind nicht so streitsüchtig. Sie leben alle in modernen Mietshäusern. Immer, wenn ich komme, sind sie freundlich zu mir. Ich gehe oft für sie einkaufen. Aber jedes Mal, wenn ich auf dieser Straße dahinspaziere, muss ich an den großen Hügel denken, auf dem wir früher herumtollten. Jetzt ist nichts mehr übrig von ihm – er musste dieser modernen Straße weichen. Es ist schon ein Jammer mit den Erwachsenen. Alles machen sie kaputt. Hier können wir nicht mehr spielen, denn die Leute jagen uns sofort weg. Wo sollen wir denn hingehen, für uns ist kein Platz mehr. Und immer nur im Zimmer, das ist auch nicht das Wahre. Da soll man nicht traurig werden.

Die alten Leute lassen uns in Ruhe, die haben sich noch nie aufgeregt, wenn wir mal etwas laut waren. Es tut mir wirklich leid, weil sie in dieser modernen Straße wohnen müssen. Denn neulich habe ich ganz was Schlimmes gehört. Der Vermieter machte sich lustig über sie: „Höchste Zeit, dass sie abkratzen!", sagte er zu seiner Frau, „die gehen mir allmählich auf die Nerven. Sie nützen doch niemandem. Und diese Einrichtung in ihren Zimmern, da muss ich ja lachen. Das sieht furchtbar aus. Und sie besitzen noch immer diese alten Radios von anno dazumal." Ich habe mich für diesen Kerl geschämt. Hat er nicht über die ganze Menschheit gelacht? Ich kann die alten Leute schon verstehen. Ich glaube, irgendwann kommt für jeden Menschen mal der Punkt, wo er sich wohlfühlt. Bei den Alten ist es doch so: sie wollen und benötigen auch nichts Neues mehr. Bestimmt sind sie mit ihren Rundfunkempfängern zufrieden. Damals waren die Menschen sicher stolz darauf. Aber heute, weil die Technik so schnell voranschreitet, heute lacht dieser Vermieter. Glaub mir, in zwanzig Jahren lacht sicher ein anderer über ihn!

Du, Patty, jetzt kommt mir die Zeit in den Sinn, als ich noch ein ganz kleiner Knirps war. Weißt Du, mein Onkel besitz einen großen Bauernhof. Und damals hatte er noch Pferde im Stall. Ich durfte auch oft beim Viehaustrieb dabei sein. Du, es ist herrlich, wenn man im Gras sitzt, die Tiere auf der Weide beobachtet und über Wiesen und Felder blicken kann. Keine Häuser, keine Straßen – nur die endlose Weite. Es war eine herrliche Zeit damals. Ich hatte auch ein Lieblingspferd. *Bello* habe ich ihn getauft. Das war ein lieber Kerl!

Einmal durfte ich über drei Wochen bei meinem Onkel bleiben. Und damals war gerade Kartoffelernte. Weißt Du, zu jener Zeit machte man noch alles mit der Hand. Mit flinken Fingern holten die Leute die Kartoffeln aus der Erde. Sie knieten gebückt am Boden und arbeiteten unglaublich schnell. Manchmal veranstalteten sie aus Spaß kleine *Korbrennen*. Wer als erster seinen Korb gefüllt hatte, erhielt am Abend einen Extra-Drink. Ja, und all diese Körbe, die man für diese Arbeit benötigte, wurden noch mit der Hand geflochten. Alles Handarbeit. Und was haben wir heute – eine Plastikwelt. Wenn abends alle im Haus versammelt waren, schlich ich mich oft in den Stall, um meinem *Bello* eine gute Nacht zu wünschen. Er war ein liebes Pferd. Er konnte mich gut leiden. Ich streichelte ihn dann am Hals und flüsterte ihm lustige Sachen ins Ohr. Das mochte er besonders gern. Und er nickte immer mit dem Kopf – als hätte er alles verstanden. Dann schlich ich mich wieder ins Haus zurück.

Oft rannte ich stundenlang über die Felder, jagte den Rebhühnern nach oder lag versteckt im Heuschuppen. Dort lauschte ich dann auf die geheimnisvolle Stimme der Regentropfen, die immerfort auf die Dachziegel prasselten. Und wenn die Sonne wieder hervorgekrochen kam, stapfte ich barfuß durch die Pfützen, und bewunderte den farbenprächtigen Regenbogen, der sich plötzlich über die Erde spannte. Ich konnte nicht genug bekommen davon. Und heute fehlt mir das alles.

Habe ich Dir schon gesagt, dass ich Gedichte schreibe? Immer, wenn mich etwas tief bewegt, versuche ich es in einem Gedicht zusammenzufassen. Ich weiß, vom formalen Standpunkt aus gesehen, sind meine Verse nicht viel wert. Aber darum geht es mir nicht. Der Inhalt ist entscheidend für mich. Inzwischen habe ich schon eine beachtliche Sammlung. Vielleicht schicke ich sie Dir eines Tages. Denn Du bist das einzige Mädchen, zu dem ich echtes Vertrauen habe. Ich bin unglücklich, weil Du nicht bei mir sein kannst. Aber vielleicht sehen wir uns bald wieder. Das wäre die größte Freude für mich.

Jetzt will ich Dir noch etwas von der Schule erzählen, denn unser Notensystem, das finde ich nicht in Ordnung. Schon als Kinder werden wir darauf getrimmt, die anderen niederzumachen. Vielleicht verstehst Du mich besser, wenn ich Dir dazu folgendes erzähle. Denn im Fach der deutschen Sprache habe ich wenig Schwierigkeiten. Einige in unserer Klasse tun sich dagegen sehr schwer. Als neulich die Zeugnisse ausgeteilt wurden, musste sich einer vor die ganze Klasse stellen. Und der Schulleiter hielt einen kleinen Vortrag: „Seht diesen Burschen an! Er soll euch ein abschreckendes Beispiel sein. Er kann zwar gut zeichnen, aber das ist seine ganze Weisheit. In Geschichte eine 5, in Sport eine 4!" Und am Schluss fügte er hinzu: „Das Höchste kommt noch. Wisst ihr, welche Note er in Deutsch erhalten hat? Ich wage es nicht auszusprechen – eine glatte 6 mussten wir ihm geben. Eine Schande ist das für die ganze Schule. Er sollte sich ein Beispiel an unserem Glücker nehmen!"

Ach, Patty, das wollte ich nicht. Man hat mich zum Musterschüler erhoben. Das war peinlich. Aber wie soll ich das dem Herrn Direktor klarmachen? Seit diesem Tag redet mein Schulkamerad nicht mehr mit mir. Das habe ich nun davon. Aber ich sage Dir, schuld daran ist nur das Notensystem. Wann wird das endlich geändert?

Trotzdem, das Schreiben machte mir schon immer Spaß. Und ich will Dir noch eine Geschichte von mir aufschreiben. In unserem Ort leben nämlich ein paar Leute, die von den anderen nicht akzeptiert werden. Ich weiß nicht, warum. Es gibt keinen Grund dafür. Aber die Großen wissen es ja immer besser. Es gibt einen, über den sie ständig lachen. Und ausgerechnet ihm musste so was Unerhörtes passieren. Eigentlich eine lustige Geschichte, aber wenn man richtig überlegt, wird es traurig. Das musste so sein, sagen die Großen. Schicksal nennen sie das. Aber ich glaube das nicht, denn sie waren auch daran schuld, dass sich der Mann so verhalten hat!

An einem milden Sommerabend saß Hubl zu Hause in der Küche. Er lauschte neugierig dem Radio. Das neue Farbfernsehgerät funktionierte immer noch nicht: zum Aus-der-Haut-fahren für Hubl. Denn das Fernsehen ist für ihn viel spannender.

Auf dem Tisch waren zwei Flaschen Bier, ein paar Illustrierte, ein großes Stück Papier und ein Bleistift. Sein kleiner Junge schlief vornübergebeugt auf der Tischplatte. Hubl nahm einen kräftigen Schluck und rüttelte ihn wach:

„Es ist schon ein Jammer, weil der neue Fernsehapparat kaputt ist!" Der Junge antwortete schläfrig: „Ja, Papa, aber wo ist denn die Mutti? Wo ist sie?" Hubl gab keine Antwort, hielt nur seinen Zeigefinger vor die Lippen und flüsterte: „Pst! Die Zahlen kommen jetzt!"

Hubl nahm schnell den Bleistift zwischen die Finger. Und ein nervöses Zucken machte sich um seinen Mundwinkel bemerkbar. Radiosprecher: „Eins, drei, neun, fünfzehn, neununddreißig, einundvierzig, Zusatzzahl ist zwanzig. Wie immer ohne Gewähr. Weiter geht es nun im Programm mit Musik bis Mitternacht."

Hubl kritzelte die Zahlen aufs Papier, holte aus dem Schrank seinen Lottoschein und verglich die Zahlen, während der Junge wieder vornübergebeugt auf dem Tisch vor sich hindöste.

Hubl hatte bereits zweimal die Zahlen überprüft. Und er begann schon wie-

der. Das nervöse Zucken um seine Mundwinkel verstärkte sich dabei. Nun riss er
die Augen auf, fuhr sich mit der Hand
durch die Haare und blieb erstaunt sitzen. Dann kam es plötzlich aus ihm her-
aus:

„Das darf doch nicht wahr sein – alle
sechse. Haupttreffer! Haupttreffer!"

Jetzt erst hatte er kapiert. Er dreht sich im
Kreis, kippte vor Begeisterung den Stuhl
um, stolperte zum Fenster und brüllte in
die Nacht hinaus: „Eine Million! Hurra!
Ich hab's geschafft! Gewonnen! Ich hab'
gewonnen! Hört ihr, gewonnen! Den
Haupttreffer!"

Sein Junge erwachte bei diesem Lärm und
sah ihn aus verschlafenen Augen an. Auch
die Nachbarn schreckten auf: „Was soll
das schon wieder?"

Hier war Hubl kein unbeschriebenes Blatt
mehr. Es passierte nicht selten, dass ge-
munkelt wurde über ihn. Ja, dass sogar je-

der Bescheid wusste – nur er nicht. Wie oft galt ihm das Tagesgespräch. Wenn sich auch später herausstellte, dass alles gelogen war, was machte das schon: man hatte wieder neuen Gesprächsstoff! Zum Beispiel sprach man beim Bäcker von einer Ohrfeige, im Wirtshaus redete man schon von einer Schlägerei, bei Kaffee und Kuchen hörte man dann etwas von Totschlag. Solche Geschichten waren das. Und heute Nacht, dieses Geschrei! Was sollte das wieder bedeuten? Der Bäckermeister, der für seine unglaubliche Phantasie überall bekannt war, glaubte den wahren Grund zu kennen: „Das mit seiner Frau", murmelte er schadenfroh, „es stimmt also doch! Sie ist ihm weggelaufen. Hab's doch immer schon gewusst, dass bei denen was nicht stimmt. Ja, ja, jetzt hält er's nicht mehr aus, der arme Hubl. Aber trotzdem, deswegen schreit man doch nicht so! Und wieso überhaupt mitten in der Nacht? He, Ruhe! Zum Kuckuck noch mal – Ruhe!"

Doch Hubl hörte das nicht. Er stolperte zu seinem Jungen und strich ihm nervös durch die Haare: „Mein Junge, wir haben es geschafft! Ja, jetzt sind wir reich. Reich! Reich!" Der Junge begann herzhaft zu lachen: „Hurra, wir sind reich!"

Hubl fieberte, und wie! All seine Gedanken drehten sich nur um das eine: Haupttreffer! Klar denken konnte er jetzt immer noch nicht, das war zu viel für ihn. Eine Million. Wie im Traum schwebten tausend Dinge vor seinen Augen: schöne Frauen, fremde Länder, Luxus, Freiheit. Und immer wieder – Geld, Geld, Geld! Eine runde Million. Dieses kribbelige Gefühl. Mein Gott, der Haupttreffer! Unruhig rutschte er auf dem Stuhl umher, zupfte an seinen Haaren und leerte mit einem mächtigen Zug die Flasche Bier.

Plötzlich begann er zu lachen, denn er stand jetzt vor der Küchenuhr, dem Lieblingsstück seiner Frau. „Oh, wie habe ich mich damals gesträubt dagegen! Aber nein, sie wollte unbedingt diesen

Kitsch!" Und mit einem kräftigen Ruck riss er die Uhr aus ihrer Verankerung, schleuderte sie in die Ecke. „Aber, Papa, was machst Du denn!", rief der Junge. Doch Hubl hörte nicht auf ihn. Er tobte weiter: „Jetzt ist Schluss damit! Ich bin der Herr im Haus! Ja, ich war's immer schon, aber viel zu gutmütig war ich all die Jahre. Jetzt wird sich alles ändern!" Und mit ernster Stimme fuhr er fort: „Vieles wird sich ändern. Ich werde dafür sorgen. Jetzt wird das Haus umgebaut. Mein Haus! Niemand wird mir dreinreden, niemand mehr. Ich werde mir hier alles gemütlich machen, wie ich es immer schon wollte. Aber, da kommt mir noch ganz was anderes!" Er stand unruhig am Fenster und blickte auf die leeren Gassen, kein Mensch war zu sehen. „Wer sagt denn, dass ich in diesem verschlafenen Nest, wer sagt, dass ich hier bleiben muss? Ja, zum Teufel, ich hab' eine Million! Ich kann weggehen, nach Hawaii – überall! Mensch, die ganze Welt steht mir offen!"

Hubl war wie berauscht: „Hauptgewinn –
eine Million!", schrie er wie verrückt und
kreuzte seine Hände. Und er presste seine
Lippen zusammen, starrte in die sternen-
klare Nacht. Dann ging er zu seinem Jungen und strich ihm durch die Haare: „Aber
bevor wir abreisen, bevor wir dieses Nest
verlassen, werden wir noch mal durch die
Straßen marschieren. Ehrfürchtig werden
sie uns dann grüßen – diese Heuchler!
Aber beachten werden wir sie nicht! Auf
die andere Seite werden wir schauen. Ha,
das wäre ja noch schöner. Haupttreffer!"
Und dabei drückte er seinen Jungen ganz
fest an sich. Dann wurde er nachdenklich.
Und das nervöse Zucken am Mundwinkel verstärkte sich. Schließlich sagte er:
„Nein, wir machen es anders. Haltung be-
wahren! Wir grüßen sie, aber auf eine Art,
wie man es von Leuten mit Format erwartet. Wir haben es schließlich geschafft.
Ha, die werden Augen machen!"

Mit höhnischem Gelächter stolzierte er in
der Küche umher. Allmählich wurde es
ihm bewusst. Er fühlte es. Er bekam wie-

der dieses Kribbeln: „Tja, mit diesem Haupttreffer hab' ich ungeahnte Möglichkeiten – Macht!" Bei diesem Wort erschrak er, solche Töne war er von sich nicht gewöhnt, etwas ganz Neues für ihn. Aber überraschend schnell hatte er sich gefangen und begann aufs Neue: „Jawohl, mächtig bin ich geworden, jetzt hab' ich die Fäden in der Hand!" Vor Aufregung biss er sich einen Fingernagel ab. Und das nervöse Zucken wollte nicht aufhören.

Plötzlich überkam ihn ein völlig neuer Gedanke: „Ha, dieses ewige Theater mit meinem Chef – ein Ende hat es damit! Ich bin mein eigener Herr. Ich hab' das nicht mehr nötig. Der soll seinen Kram alleine machen! Diese gottverdammte Arbeit! Man schuftet Jahr für Jahr, rackert sich ab und gibt sein Bestes, was ist der Lohn dafür – Undank! Und der Geist verkümmert dabei. Aber so ist es mit den einfachen Leuten, sie lassen sich ausbeuten. Jetzt ist Schluss damit! Für immer! Das wäre ja noch schöner!" Der Junge begann wieder zu lachen. Und Hubl stürzte wie ein Besessener ans Telefon. Seine Stimme erklang plötzlich in Dur, nicht mehr in Moll, wie es sonst üblich war bei ihm. Nein, jetzt zählt er zu den Starken. Nichts mehr kann ihn umwerfen. Nun gehört er zu jenen, die den Ton angeben. Und es hörte sich wirklich hart und überzeugend an, was er ins Telefon sagte:

„Jawohl, Herr Direktor, hier ist der Hubl. Sie kennen mich schon. Warum ich so spät anrufe? Passen Sie nur auf, das werd' ich Ihnen gleich erklären. Wissen Sie, ich hab' die Schnauze voll von Ihrer Arbeit, da wird man ja verrückt! Sie hören richtig, Hubl spricht hier. Mit mir brauchen Sie nicht mehr rechnen. Nein, in keiner Beziehung. Was? Also, hören Sie gut zu, Herr Direktor! Sie dürfen froh sein, dass ich überhaupt mit Ihnen spreche. Von wegen mitten in der Nacht. Ha, dass ich nicht lache! Wie? Aber sicher! Sie finden bestimmt Ersatz. Ganz bestimmt! Was, Erklärungen? Wenn Ihnen das nicht reicht! Aber, machen Sie doch einen Punkt. Das geht mir entschieden zu weit! Entschie-

den, hören Sie! Schluss jetzt! Tut mir leid.
Beim besten Willen nicht. Nein! Ich hab'
keine Zeit mehr für Sie. Schlafen Sie gut,
Herr Direktor!"

Hubl feuerte den Hörer auf den Apparat
und brach in höllisches Gelächter aus. Er
rannte und hüpfte durchs Zimmer wie ein
Verrückter. Dann zog er das Stück Papier
wieder hervor, zündete sich eine Zigarette
an und begann zu rechnen. Eigenartig,
was er auch an Ausgaben berechnete,
ständig blieb ein gewaltiges Guthaben.
Oh, dieses Geld! Dieses Gefühl! Noch nie
im Leben befasste er sich ernsthaft mit
Plus und Minus – aber heute! Er rechnete
und fieberte. Er dachte nur noch sechsstel-
lig, und seine Pläne bekamen allmählich
Form. Der Junge rückte näher zu ihm
heran und fragte:

„Papa, bekomme ich jetzt die elektrische
Eisenbahn?" Hubl war noch über das Pa-
pier gebeugt und sagte ganz nebenbei:
„Natürlich, mein Junge." – „Und auch das
Rennrad?" Hubl blickte auf: „Na klar,

mein Junge, jetzt kannst Du dir alles wünschen, alles, was Du willst." Der Junge sah ihn mit großen Augen an. Hubl schrie ganz laut: „Eine Million!" Und beide bekamen einen tollen Lachanfall.

Radiosprecher: „Beim letzten Ton des Zeitzeichens war es 24 Uhr. Sie hören Nachrichten." Hubl hört nicht hin. Er hat keine Beziehung mehr dazu, alles Unheil der Welt kann ihm jetzt gestohlen bleiben. Die sollen sich ruhig die Köpfe einschlagen, ihn lässt es kalt. Er hat was Wichtigeres zu tun, er rechnet weiter. „Halt, das hätte ich beinahe vergessen!", sagte er überrascht, „die letzten Hunderttausend lege ich natürlich auf die hohe Kante. Die werden nicht angerührt." Und er lehnte sich zufrieden zurück. Der erste Sturm hatte sich gelegt. Lässig saß er da, leicht und unbeschwert. Und eine Ruhe strömte er aus – eine Ruhe!

Ganz nebenbei hörte er auf die Nachrichten, konnte sich aber das Lachen nicht verkneifen. Doch dann hörte er noch etwas. Seine Augen wurden immer größer, seine Hände begannen zu zittern, und er erstarrte wie ein Eiszapfen.

„Liebe Hörer, jetzt noch eine wichtige Mitteilung. Leider ist uns in den 23-Uhr-Nachrichten ein grober Fehler unterlaufen. Ein Missverständnis. Wir bitten vielmals um Entschuldigung! Unsere Lottozahlen waren leider falsch. Wir haben aus Versehen das Ergebnis vom letzten Wochenende bekanntgegeben. Wir bitten um Ihr Verständnis! Bitte, entschuldigen Sie. Nun also die richtigen Zahlen.“

Da hörte man aus Hubls Haus einen fürchterlichen Schrei – ein spitzer, langgezogener Laut, der sich in stotterndes Röcheln verwandelte. Und der Junge schrie immer wieder: „Papa – Papa!“

Am nächsten Morgen flüsterten jedoch die Leute im Wirtshaus: „Hast Du gehört, weißt Du schon das Neueste? Unglaublich. Er soll zwei Millionen gewonnen haben. Den Haupttreffer! Er – der Hubl!“

Patty, was sagst Du dazu? Ist das nicht wieder typisch? Diese Geschichte habe ich dem Chefredakteur einer Zeitung geschickt. Und der ließ sie gleich abdrucken. Stell Dir das vor. Meine Kurzgeschichte, sie wurde veröffentlicht! Und ich habe Geld dafür bekommen. „Honorar für die Mitarbeit an unserer Zeitung", stand auf dem Überweisungszettel. Mein erstes selbstverdientes Geld.

Patty, ich lese auch sehr viel. Manchmal sitze ich vor dem Fernseher. Aber ich fühle mich überflüssig dabei. Deswegen ist mir auch das Fernsehen unsympathisch. Beim Lesen hingegen muss man seine Sinne anstrengen, und gerade das finde ich gut. Ich glaube, das Fernsehen stumpft allmählich die eigene Phantasie ab. Mein Vati nennt das *Erziehung zur Labilität*. Natürlich meint er damit das *Zuviel*.

Patty, was hältst Du von der Politik? Ich finde sie langweilig. Ich kann mich nicht dafür begeistern. Vielleicht kommt das alles später, wenn ich größer bin. Ich setze mich lieber in meinen Schaukelstuhl, den mir mein Onkel geschenkt hat, schlage ein Buch auf und versetze mich in eine ganz andere Welt. Weißt Du, meine Mutti machte mich schon als Dreikäsehoch neugierig aufs Lesen. Damals verwechselte ich alle Buchstaben. Kurz vor dem Schlafengehen las sie mir noch eine Geschichte vor. Und ich flehte sie immer an: „Ich auch – lesen! Bitte! Bitte!" Doch ich höre sie heute noch sagen: „Das lernst Du schon. Du lernst alles noch. Ja – später kannst Du das auch. Musst jetzt nur ein bisschen Geduld haben." Und ich weiß noch, wie sie mir die Bettdecke über die Arme zog, damit ich es ja warm genug hatte. Ich spüre noch heute ihre zärtliche Hand, wie sie mir übers Gesicht streicht und sagt: „Aber jetzt musst Du schlafen. Willst Du nicht groß und stark werden? Du möchtest doch das Lesen lernen, oder?" – „Ja, Mutti!", rief ich dann begeistert. Und ich schlief ganz schnell ein und begann von geheimnisvollen Büchern zu träumen. Ja, meine Mutti wusste, wie sie mich nehmen musste. Aber dann, eines Tages, warum ausgerechnet sie? Ach Patty, das habe ich Dir noch gar nicht gesagt. Jetzt muss ich meinen ganzen Mut aufbringen. Aber ich erzähle Dir vorher noch von der Blume, die sich neben mir majestätisch im Wind biegt. Es sieht aus, als möchte sie mir zunicken: „Ja, Du musst der Patty alles mitteilen. Sie soll es wissen. Sicher wird sie dich verstehen. Du darfst ihr nichts verschweigen. Immer ehrlich bleiben. Schreibe nur alles so, wie es aus Dir herauskommt. Bleib wie Du bist!" Ja, diese kleine Blume, sie hat mich wieder aufgemuntert. Nicht zu glauben, was diese kleinen Dinger manchmal fertig bringen. Und, Patty, wenn Du mal Blumen siehst, dann denk bitte kurz an mich. Vergiss auch nicht, dass es welche gibt, die keine Ruhe finden und vom Leben tief gezeichnet sind. Vielleicht denkst Du dann auch an solche, die schwere Zeiten durchstehen müssen, die sich trotzdem nicht kleinkriegen lassen. Ja, an diese Menschen sollte man viel öfter denken, meinst

Du nicht? An jene, die in fremden Ländern umherirren, die es doppelt schwer haben. An all die Verlorenen, die nicht wissen, dass es für sie keine Rettung mehr gibt. Und vielleicht denkst Du dabei auch an meine Mutti, die unvergleichlich ist, die tapfer war und stark. Die mich immer verstanden hat.

Und jetzt muss ich es Dir erzählen. Ich kann mich noch gut erinnern. Es war genau vor zwei Jahren, an meinem Geburtstag. Meine Mutti fühlte sich damals so schwach und niedergeschlagen. Und man holte sie ins Krankenhaus. Ich konnte es nicht glauben. Während dieser Zeit wurde mir erst richtig bewusst, dass eine Mutter unersetzbar ist. Ja, jeden Tag habe ich sie damals besucht. Und weißt Du, sie wurde wirklich gesund. Schon bald durfte sie wieder zu uns kommen. Ich war überglücklich. Aber nach kurzer Zeit quälten sie wieder diese furchtbaren Schmerzen. Dann ging alles unglaublich schnell. Es war spät am Abend, und ich wollte gerade ins Bett gehen, als sie mich ganz eigenartig ansah. Ich stand fragend vor ihr, plötzlich fasste sie mich an beiden Armen und flehte mich an: „Mein Junge! Bleib immer anständig und brav! Sei immer freundlich!" Und dann kippte sie leblos in den Sessel zurück. „Aber Mutti! Aber Mutti!", rief ich verzweifelt. Doch sie gab mir keine Antwort. Nein, sie konnte mich nicht mehr hören. Oh, das war schrecklich. Ich hielt sie fest umklammert. Und ich begann zu weinen, viele Nächte lang. Ich weiß nicht, wie ich diese Zeit überstanden habe. Ich kann mich nicht mehr erinnern. Damals bin ich mit ihr gestorben. Und wenn ich daran denke, kommen mir die Tränen. Patty, ist es schlimm, wenn ein Junge weint? Es war eine furchtbare Zeit. Mein Vati, er hat sie doch geliebt. Sie haben sich immer so gut verstanden. Ich habe auch noch zwei ganz kleine Schwestern. Sie sind richtig verspielt. Wir verstehen uns prima. Und ich gehe oft mit ihnen spazieren. Aber mein Vati, jetzt ist er ganz allein mit uns. Das ist nicht einfach. Doch er gibt uns all seine Liebe. Und ich möchte meinen beiden Schwestern auch ein gutes Vorbild sein. Ich will sie nicht enttäuschen. Ich werde fleißig lernen. Ich weiß, mein Vati unterstützt mich dabei. Das gibt mir viel Kraft. Sollten nicht alle Väter so sein? Manchmal sitzt er ganz traurig im Wohnzimmer und sieht auf Muttis Fotografie. Ich weiß nicht, was er dann alles denkt. Ich weiß nur, dass wir sie nie vergessen werden, nie!

Jetzt, wo gerade die Sonne untergeht, müsstest Du bei mir sein: Unzählige Sonnenstrahlen, die geschwind durch die Baumkronen springen, tauchen mein Schloss, die Wiesen und Blumen in ein farbenprächtiges Lichtermeer. Das müsstest Du sehen, wunderschön! Und während ich jetzt dieses Schauspiel betrachte, möchte ich mich verabschieden von Dir. Doch die kleine Blume, die ich meinem Brief beilege, dieses Vergissmeinnicht soll Dich immer daran erinnern, dass es hier jemanden gibt, der an Dich denkt. Vergiss mich nicht –

Dein Andreas

Auf der Insel meiner Träume
würden keine Panzer stehn.
Grüne Wiesen blühende Bäume,
Soldaten würdest Du nicht sehn.
Verschont bliebst Du von üblen Sorgen,
von den Schattenseiten unserer Zeit.
Nicht Hass nicht Leid – ein neuer Morgen,
kein Wahn und keine Einsamkeit.

Keine Grenzen keine Mauern,
nicht Heuchelei, nicht Angst und Neid.
Nein hier würde niemand trauern –
es herrscht' Gerechtigkeit.
Denn edle Menschen würden walten,
keine Fahnen im Wind.
Leute die ihr Wort noch halten:
die zeigen, dass sie Menschen sind.

Lieber Andreas!

Es war vor ein paar Tagen. Ich kam von
der Schule zurück, als Mutter mir gleich
von einem Brief erzählte. Kein gewöhnli-
cher. Er war groß und schwer. Und auf den
Umschlag stand ein wunderschönes Gedicht geschrieben: in deutscher Sprache.
Da wusste ich, er konnte nur von Dir sein.
Ich hab vielleicht gestaunt. Und nachdem
ich zu lesen begann, wurden meine Augen
immer größer. Ich konnte es nicht fassen.
Ich war überglücklich. Inzwischen habe
ich Deinen Brief schon oft gelesen, aber
ich entdecke immer wieder was Neues.
Vielen, vielen Dank für all die Worte, die
Du für mich geschrieben hast. Das werde
ich Dir nie vergessen!

Ganz groß bist Du, größer als die Erwach-
senen. Du hast mir meine Augen für das
Wahre erst richtig geöffnet. Ich mag Dich!
Du hast so viel Gefühl. Ja, ein richtiger
Dichter bist Du. Und weißt Du was? Dein
Vergissmeinnicht habe ich eingerahmt! Es
hängt jetzt über meinem Schreibtisch. Und

immer, wenn ich aufblicke, erinnert es mich an Dich. Ich habe Dich ganz fest in mein Herz geschlossen!

Wie Du weißt, bin ich etwas älter als Du. Und beim Lesen Deiner Zeilen ist mir aufgefallen, dass ich beinahe den Erwachsenen gleiche. Du hast mich erst darauf aufmerksam gemacht. Und es stecken noch immer viele Fehler in mir, von denen ich nichts weiß. Durch das ewige Geschwafel der Großen wird man allmählich ein Bestandteil ihrer Welt. Aber es ist eine banale Welt. Und ich hatte sie schon beinahe akzeptiert, ohne zu reden, ohne mich dagegen aufzulehnen. Aber manchmal bohrte ein seltsames Gefühl in mir. Ich hatte schlaflose Nächte, erwachte aus bösen Träumen, und die Realität erschien mir dann noch schlimmer, als all diese Träume. Ich wusste nicht, was das zu bedeuten hatte. Nie habe ich mich dagegen gewehrt. Und dann kam Dein Brief, der mir gezeigt hat, dass ich noch viel zu lernen habe, sehr viel!

Ich bin gerade unterwegs nach Mexiko. Ich sitze in einem Zugabteil, blicke aus dem Fenster und sehe, wie Amerika an mir vorbeihuscht. Ich habe Ferien, ein gutes Gefühl! Und während ich so dasitze, überlege ich, was Du jetzt wohl machen könntest. Weißt Du, jetzt, in diesem Augenblick, denke ich ganz fest an Dich! Du bedeutest mir sehr viel!

Es ist schön, wenn man den ganzen Schulkram vergessen kann. Ich lerne wirklich gerne, aber in den Ferien will ich nichts davon wissen. Eine Woche lang werde ich in Mexiko bleiben, bei meiner Oma. Es gefällt mir dort. Die Menschen sind noch freundlich und natürlich. Nicht so gehetzt wie bei uns. Dort weiß man auch noch, was Gemütlichkeit ist. Und die ganz kleinen Kinder, wie fröhlich und ausgelassen die sind. Von diesem Zauber wird man einfach mitgerissen. Und Du wirst es nicht glauben, dort reden die Leute noch offen und ehrlich miteinander. Das müsstest Du mal erleben. Ich freue mich schon auf die Tage in Mexiko. Trotzdem, es muss ein schönes Plätzchen sein, dort, wo Du dich immer aufhältst. Und wenn ich Dich besuche (ich komme ganz sicher), dann musst Du mir zeigen, was es in Deiner Waldlichtung alles gibt. Ich bin schon ganz neugierig auf das alte Schloss. Und im Frühling muss es dort besonders schön sein.

Hier bei uns, also weißt Du, ich habe mich schon daran gewöhnt, hier ist alles grau und leer. Darum fahre ich immer zu meiner Oma nach Mexiko. Bei uns geht alles drunter und drüber. Ich bin froh, dass ich nicht in einer Großstadt leben muss. Unsere Stadt reicht mir. Hier bin ich ganz schön bedient. Ja, ich würde lieber auf dem Land wohnen. Später hätte ich gerne ein Haus im Grünen. Das müsste herrlich sein!

Andreas, weißt Du, was ich am meisten an Dir bewundere? Deine unerschütterliche Meinung. Und Dein fester Wille, ein guter Arzt zu werden. Ja, Du bist auf dem rechten Weg. Du schaffst es, davon bin ich überzeugt.

Du hast vollkommen recht, die Erwachsenen müssen aufhören mit ihren albernen Märchengeschichten! Sie sollten uns endlich als das sehen, was wir wirklich sind. Und hier benehmen sich die Großen noch viel arroganter. Weil Du aber Deinen festen Plan geschmiedet hast, weil Du Deinen Weg kennst, darum bewundere ich Dich. Es gibt viele Menschen ohne eigenen Willen. Ich denke jetzt nur an all die Penner, die nachts auf Parkbänken schlafen und sich einfach treiben lassen. Und all die Frauen, die für Geld ihre Liebe verkaufen. Ich muss immer verschämt zur Seite blicken, wenn mir diese abgerissenen Typen begegnen.

In der vorletzten Station ist ein wüster Kerl in unser Zugabteil gestiegen. Jetzt sitzt er mir gegenüber und starrt mich an. Ich kann mich gar nicht mehr aufs Schreiben konzentrieren. Der Kerl macht mich ganz nervös. Wenn er mir aber zu nahe kommen sollte, ziehe ich die Notbremse. In unserer Nachbarschaft wohnt auch so ein Typ. Er hat eine Freundin, die für ihn arbeiten geht. Er sitzt nur in Night Clubs und reißt große Sprüche. Und vor einiger Zeit hörte ich in der Untergrundbahn ein interessantes Gespräch zwischen zwei Männern: „He, die Frauen können manchmal sehr dumm sein!", sagte der eine. „Wenn die einen Mann wirklich lieben, machen sie alles für ihn. So eine müsste mir mal unter die Finger kommen. Die hätte nichts zu lachen!" – „Ja, die Dummheit der Menschen ist grenzenlos!", erwiderte der andere. Und beide lachten wie verrückt. Noch heute muss ich an ihre Worte denken. Denn eigentlich hatten sie recht.

Wenn Du wüsstest, was bei uns neulich passiert ist! Eine radioaktive Wolke schwebte über unser Land. Kannst Du dir das vorstellen? Die Farmer mussten ihre Kühe in den Stall treiben, denn die ganze Weide war verseucht. Da müssen wir nicht zwanzig Jahre warten. Das Unheil schwebt jetzt schon über uns. Ich muss Dir recht geben: eine verrückte Welt ist das! Eines Tages wird sich die Menschheit selbst vernichtet haben. Wie viele Menschen gibt es, die dagegen immer noch nicht frei sind. Und Dir ist so etwas Schlimmes geschehen. Jetzt muss es doppelt schwer sein für Dich, wo Du doch Deine Mutti so geliebt hast. Aber Du bist tapfer und stark. Ich bewundere Dich! Ja, ich bin froh, dass Du mir alles geschrieben hast. Ich kann Dich gut verstehen. Und mit Deinem Brief hast Du mir eine ganz große Freude gemacht. Du musst mir bald wieder schreiben, ja? Ich werde Dich besuchen! Sicher gibt es dann viel zu erzählen. Wenn ich auch nicht bei Dir sein kann, vergessen werde ich Dich nie. Und nächstes Jahr sehen wir uns wieder! Ich freue mich schon riesig darauf. Inzwischen werde ich Dir immer schreiben. Denn ich habe Dich ganz fest in mein Herz geschlossen!

Deine Patty

ADELHARD WINZER
LÜGENGESCHICHTEN
2018. 132 SEITEN
BOD – BOOKS ON DEMAND,
NORDERSTEDT
ISBN 9783752862102

Der Mond hat sieben Türen, sprach das Kind.
Ich lebe nicht hinter dem Mond, erwiderte
der Mann. Du hast keine Ahnung, meinte
das Kind, wenn der erst mal seine Hintertüre
aufmacht, beginnen die Menschen zu wackeln.
Von wegen wackeln, sagte der Mann. Ja,
wenn der Mond wirklich wollte, könnte
er die ganze Welt überschwemmen,
aber er hat Mitleid mit uns, vor allem
mit den alten Leuten. Ich bin nicht alt,
entgegnete der Mann. Für ganz Alte, sagte
das Kind, macht er die Vordertüre auf,
dort können sie hineingehen! Und das Kind
verschwand wie es gekommen war.
Blödsinn, dachte der alte Mann, drehte sich
auf die andere Seite, und konnte doch nicht
einschlafen. Seine Gedanken begannen
um den Mond zu kreisen, um die Erde,
um alte Leute. Schließlich träumte er,
durch eine große weite Türe zu gehen.
Alle Menschen machten ihm Platz,
verbeugten sich und riefen:
Wo warst du denn die ganze Zeit!

ADELHARD WINZER
STOCKHOLM BLUES
KURZPROSA. 2018. 92 SEITEN
BOD – BOOKS ON DEMAND, NORDERSTEDT
ISBN 9783752839814

Seit ich denken kann, will ich nach
Stockholm. Kennen Sie Stockholm?
Ich war noch nie dort. Es ist schön,
wo ich wohne, ich vermisse nichts.
Also, sagen meine Freunde, was willst du
in Stockholm? Ich weiß nicht. Nachts erwache
ich aus meinem Traum, drehe mich auf
die andere Seite und denke, morgen gehe ich
nach Stockholm. Stets kommt etwas
dazwischen. Ich gehe zur Arbeit, ärgere mich,
gehe wieder nach Hause – schon ist der Tag
vorbei. Wie schön wäre es jetzt in Stockholm,
denke ich, warum bist du nicht nach Stockholm
gegangen! Ich war in Trinidad, ich war in
New York, aber was ist das im Vergleich
zu meinem Traum. Meine Freunde sagen,
geh in dich, vergiss dieses Stockholm,
es bringt dich noch um! Aber in Gedanken
bin ich in Stockholm. Ich weiß nicht warum.
Um was Neues beginnen zu können,
muss ich nach Stockholm. Kennen Sie
Stockholm? Waren Sie schon dort?
Heute wäre ein guter Tag,
um nach Stockholm zu gehen!

ADELHARD WINZER
DIE SPRACHGRENZE
GESCHICHTEN. 2018. 184 SEITEN
BOD – BOOKS ON DEMAND, NORDERSTEDT
ISBN 9783746087429

In mehr als hundert ineinandergreifenden
Geschichten (die längste hat elf Seiten, die
kürzeste vier Zeilen) wird anhand der Parabel,
der Groteske, der Fabel und der Übertreibung
von Personen und Ereignissen berichtet,
denen allen gemeinsam die Thematik
„In der Fremde" zugrunde liegt. Skizzenhaft,
lakonisch, phantastisch überhöht,
bis an die Grenzen der Erzählbarkeit.

„Ihre Texte haben lange auf meinem
Schreibtisch gelegen und ich habe immer
mal wieder hineingeschaut. Der Titel
‚Sprachgrenze' ist total richtig gewählt. Alle
Texte machen vor etwas Halt – eine Wand?
Ein Absturz? Ein Paradies? Das wirkliche
Leben? (was immer das ist). Man wartet
auf einen Durchbruch, aber er kommt nicht.
Sehnsuchtstexte! Sehnsucht sehnt sich nach
Erlösung. Aber was könnte das sein?
Gott? Die Liebe? Die Tat?"
*Ruth Rehmann in einem Brief an
Adelhard Winzer*

„Deine Geschichten sind klasse,
sie ziehen den Leser in den Bann,
sind erschreckend ehrlich und hart,
sprachlich fein gesponnen."
*Thomas Felber,
Buchhandlung Lentner, München*

„Ich finde Ihr Werk rundherum gelungen."
Wolfgang Weinkauf